ANIME A FUOCO

Lexa Aimu

I personaggi in questa storia sono frutto di immaginazione e qualsiasi riferimento è puramente casuale

Titolo originale: anime a fuoco Copyright @ 2023/2024 Lexa Aimu Published in auto self Prima edizione agosto 2024

*A chi ha paura del giudizio degli altri.
A chi non riesce ad amare
per paura di sbagliare.
A chi l'amore viene vietato.*

INDICE

Capitolo 1- Jennifer
Capitolo 2- Jennifer
Capitolo 3- Jennifer
Capitolo 4- Jennifer
Capitolo 5- Jennifer
Capitolo 6- Jennifer
Capitolo 7- Jennifer
Capitolo 8- Jennifer
Capitolo 9- Jennifer
Capitolo 10- Jennifer
Capitolo 11- Jennifer
Capitolo 12- Jennifer
Capitolo 13- Jennifer
Capitolo 14- Jennifer
Capitolo 15- Jennifer
Capitolo 16- Jennifer
Capitolo 17- Jennifer
Capitolo 18- Jennifer

Capitolo 19- Jennifer
Capitolo 20- Jennifer
Capitolo 21- Evans
Capitolo 22- Jennifer
Capitolo 23- Jennifer
Capitolo 24- Jennifer
Capitolo 25- Jennifer
Capitolo 26- Evans
Capitolo 27- Jennifer
Capitolo 28- Jennifer
Capitolo 29- Jennifer
Capitolo 30- Jennifer
Capitolo 31- Jennifer
Capitolo 32- Jennifer
Capitolo 33- Evans
Capitolo 34- Evans
Capitolo 35- Jennifer
Capitolo 36- Jennifer
Capitolo 37- Jennifer

Capitolo 38- Jennifer
Capitolo 39- Jennifer
Capitolo 40- Jennifer
Capitolo 41- Jennifer
Capitolo 42- Jennifer
Capitolo 43- Jennifer
Capitolo 44- Jennifer
Capitolo 45- Jennifer
Capitolo 46- Jennifer (riepilogo)

Capitolo 1- Jennifer

Il vento soffiava forte sul vetro della mia cameretta.
La pioggia picchiava pesantemente sull' asfalto.
Le foglie degli alberi fuori si muovevano con il vento e i grossi rami spogli sembravano quasi delle enormi mani.
Un colpo mi svegliò bruscamente e pensai che era un tuono.
Quel rumore però aveva generato in realtà un immenso silenzio e dal nulla iniziai a piangere.
"mamma...mamma..." inizia a chiamarla per la paura, è solo un

temporale pensai cercando di calmarmi.

La porta si aprì leggermente e vidi due gambe robuste.

"papà?"

Mi alzo di scatto, ancora quel dannato sogno...

Vado a farmi una doccia calda sperando di poter scordare quella scena che ormai so a memoria.

L'acqua scorre lentamente sulla mia pelle facendo scivolare via ogni ansia e paura.

Oggi è il primo giorno al Ravenwood College, devo fare buona impressione è uno dei college più importanti di Washington.

Mi preparo mettendo una semplice gonna marrone e una canottiera bianca con sopra una giacchetta leggera anche essa marroncina.

Metto delle ballerine bianche che sfumano nel rosa e tiro indietro i lunghi capelli castani con un cerchietto blu.

Prendo lo zainetto ed esco di casa

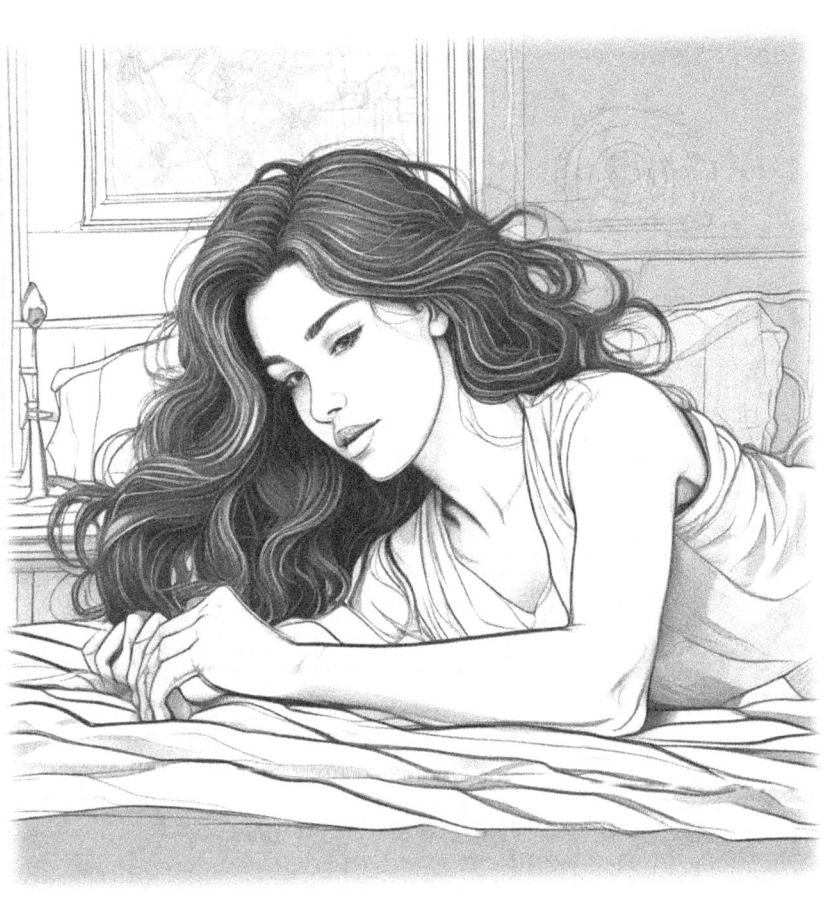

Capitolo 2- Jennifer

Arrivo a scuola in anticipo di 20 minuti e inizio a cercare la mia classe.

Appena la trovo entro e mi siedo, non voglio aspettare fuori dalla scuola, almeno se aspetto qui il prof capirà che sono una ragazza seria e che ama la scuola.

Mi metto a leggere un libro mentre aspetto l'arrivo degli altri studenti ma vengo interrotta quando qualcuno entra e sbatte la porta urlando.

"no Natalie, non ci provare nemmeno, non puoi allontanarmi da lui! È mio figlio!"
Si accorge che lo sto guardando ed io abbasso lo sguardo,
deve essere un alunno, è molto giovane e ha l'espressione da cattivo ragazzo.
"oh buongiorno, mi scusi per la scenata… era…. Oh niente lasci stare, lei è una delle alunne nuove?" mi domanda ed io annuisco.
"io sono il prof Evans, insegno fotografia e cinematografia, benvenuta in questa scuola"
ringrazio e torno a leggere ma

sento ancora il suo sguardo addosso.

Capitolo 3- Jennifer

Le lezioni procedono bene e nonostante sono entrata al terzo anno riesco a stare bene al passo e non ho materie sotto.
Con i compagni non ho ancora legato ma alla fine è passata solo una settimana.

Sto cucinando quando mi arriva un messaggio, asciugo le mani e poi prendo il telefono.
Il display segna il nome di mio padre e decido di ignorarlo ma lui

insiste con i messaggi perciò li leggo.

Jennifer dove sei?

Jenny amore dai

Jennifer se non mi rispondi ti ammazzo

Dai amore di papà dimmi dove sei

Guarda che tanto verrò a sapere dove sei puttana

Dai piccola, sai che ti voglio bene torna a casa

Lancio il cellulare sul mobile e mi prendo la testa tra le mani, perché deve insistere, perché deve essere così, non potevo avere un padre normale?

Sospiro e lascio la cena nel frigo, non ho più fame.
Mi addormento con i pensieri rivolti a quell'uomo che dovrebbe essere mio padre ma continuo a svegliarmi nella notte.

Capitolo 4- Jennifer

Il giorno dopo mi alzo per andare a scuola e vedo che ho due occhiaie enormi, metto una camicetta nera e un pantalone bianco con sotto le mie solite converse e vado a scuola.

Oggi sono più giù del solito ed ho un po' di ansia ma non so perché. Arrivo in classe ma quando mi sto per sedere qualcuno mi tira dal braccio.

"no cenerentola, questo posto è mio, torna a lavare i pavimenti o cerca un altro banco" mi dice un ragazzo mi giro e vedo che è il

classico ragazzo che porta guai, occhi e capelli scuri lineamenti ben risaltati, abbasso lo sguardo intimorita e poi me ne vado in un altro banco.
"non lo pensare, James è uno stronzo" dice la ragazza vicino a me, è bionda e molto carina, ha gli occhi di un verde acceso e un sorriso molto cordiale.
"io sono Stacy" mi dice ed io ricambio il sorriso.
"Jennifer"

Capitolo 5- Jennifer

Stiamo svolgendo un compito in classe, il prof Evans voleva vedere se ricordavamo le cose degli anni scorsi e a che punto erano i ragazzi nuovi, come me.

"Molto bene Jennifer sembra che sei ad un ottimo punto, sei anche più avanti dei tuoi Compagni" mi dice il prof passandomi vicino e vedendo il compito che sto facendo.

Qualcuno bussa alla porta e il prof gli dice di entrare, è il preside che chiede al prof se posso uscire.

"certo, Jennifer vai pure, tanto ho già visto che te la stai cavando bene" annuisco e ringrazio ma quando mi alzo per uscire sento una voce molto familiare.
"fatemi parlare con quella puttana! Muovetevi a farla uscire o entro io!" urla l'uomo ed io rabbrividisco, mi blocco all'istante e il prof Evans viene da me mettendomi una mano sulla schiena.
"tutto bene signorina?"
"chi... chi è che... vuole vedermi?" domando terrorizzata e balbettando.
"suo padre" dice il preside ed io mi sento morire.

Che ci fa qui? Perché diamine è qui?

Le gambe quasi mi cedono e rischio di cadere a terra, gli occhi mi si annebbiano per colpa delle lacrime, il respiro si fa più pesante e la stanza inizia a girare.

"signorina? Signorina Mendosa sta bene?" chiudo gli occhi sperando che sia tutto un sogno ma quando li riapro sono ancora lì con lo sguardo di tutti su di me e con le sue urla che riempiono il corridoio.

"signor preside, penso che non sia il caso di farli vedere adesso" il preside annuisce e fa allontanare mio padre ma lui insiste e

spintona il preside entrando in classe.
"tu! Brutta puttana, perché sei scappata di casa eh? Perché non rispondi ai miei cazzo di messaggi?" io inizio a tremare e il prof Evans si mette davanti a me impedendomi di vedere mio padre mentre viene tirato fuori dall'aula.
"tutto bene?" mi chiedono il prof e Stacy ed io annuisco leggermente.

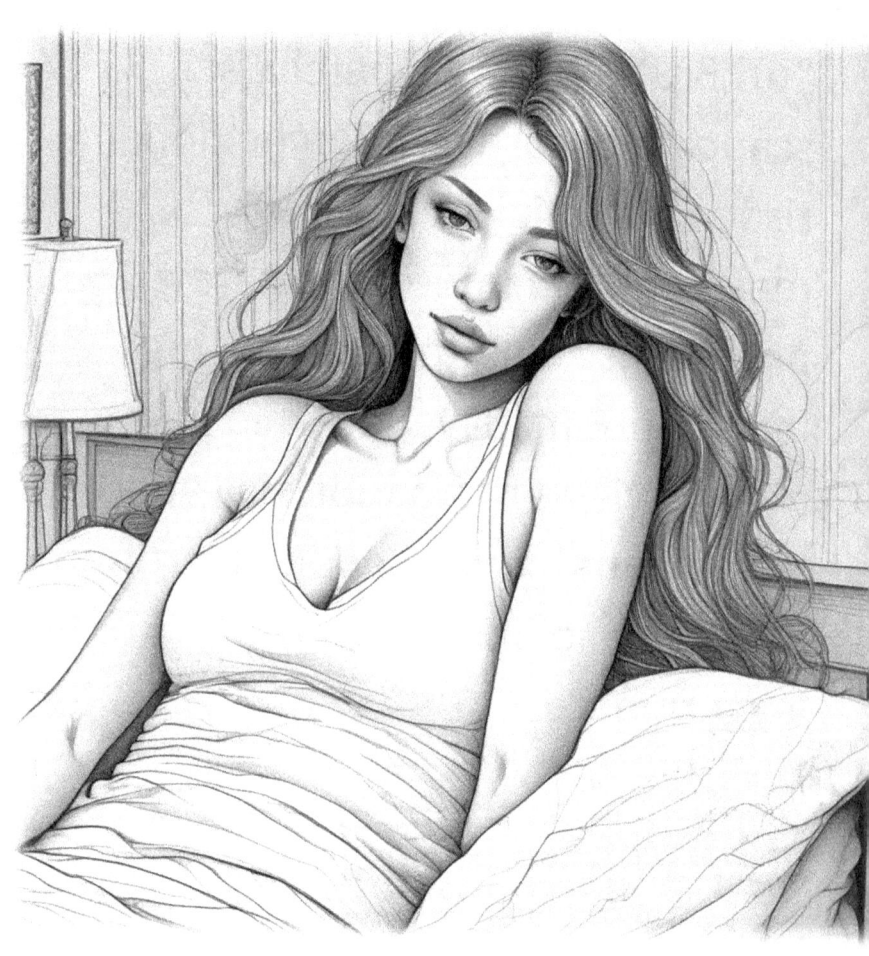

Capitolo 6- Jennifer

L'incontro con mio padre mi ha scosso e ora che sa dove sono ho paura.
Come ha fatto a trovarmi così velocemente? Lo sapeva fin da subito?
Una volta tornata a casa sfogo tutta la rabbia e la paura rompendo lampade, piatti e sedie. Non so neppure da dove esce questa forza ma so che vorrei che lui sparisse per sempre.
Continuo a spaccare l'arredamento di casa mia, l'adrenalina sostituisce presto la

rabbia e sento che da ora posso essere più forte.

Perché devo rovinarmi la vita per un bastardo?

Nessuno deve potermi comandare o farmi soffrire.

Solo io comando me stessa, non sono un oggetto e non sono una puttana di proprietà di qualcuno, nemmeno la sua!

Questa giornata mi ha cambiata e decido di mostrarlo anche fuori.

Prendo una forbice e mi taglio i lunghi capelli castani poi vedo che ho fatto solo un disastro allora ho deciso di andare dal parrucchiere.

Mi siedo sulla sedia spiegando che vorrei un taglio di capelli che arriva fin sopra le spalle.

Mentre parlo una ragazza dai capelli viola attira la mia attenzione e decido di esagerare.

Se cambio lo faccio per bene.

Così inizia il lavoro sui miei capelli che vengono tagliati e tinti alla fine sono irriconoscibile, questo blu acceso mi dona.

Decido che manca ancora qualcosa vado al centro commerciale e compro trucchi e vestiti nuovi ora si che sono diversa.

Fanculo a mio padre e a chi pensa di potermi comandare.

Capitolo 7- Jennifer

Mi sveglio e sono... felice.
Mi guardo allo specchio e mi vedo bella, soprattutto dopo essermi truccata.
Ho buttato via i miei vecchi vestiti e quelle orribili scarpe.
So di aver sbagliato perché ho usato i soldi di mio padre ma hey lui ha voluto accreditarmi un milione sulla carta, perché non usarli.
Ho comprato anche una moto visto che avevo già la patente ma non volevo comprare nulla con quei soldi.

Mi metto una canottiera nera con sopra un giubbotto di pelle nero e dei pantaloni anche loro di pelle neri.
Mi trucco ed esco di casa.
Quando arrivo a scuola sulla mia Kawasaki ninja ho gli occhi puntati addosso.
 Scendo dalla moto e mi dirigo in classe.
Nei corridoi sento fischi e complimenti, un ragazzo si ferma a chiedermi se sono nuova e quando dico chi sono rimane sconvolto.
Arrivo in classe che sono già tutti dentro, sono diventata una

ritardataria? Perfetto, vorrà dire che sono cambiata davvero.
"mi scusi lei chi è?" chiede il prof Evans mi giro sorridendogli e dicendo.
"Jennifer Mendosa" e poi vado a sedermi al mio banco, quello del primo giorno.
James entra e viene dritto da me, come immaginavo.
"bellissima dovresti spostare quel tuo bellissimo culo sodo da qui, questo è il mio posto, però puoi sederti sopra di me" dice facendomi l'occhiolino.
"mi dispiace, non posso sedermi dove vuoi tu, cenerentola deve finire di pulire e pulirò proprio

stando seduta qui, perciò cerca un altro banco" gli sorrido in modo arrogante e lui resta scioccato.
"sei... quella ragazza che ieri ha litigato con il paparino?" annuisco e poi mi metto ad ascoltare il prof, o meglio a mangiarlo con gli occhi, è proprio un bell'uomo.
James si va a sedere da un'altra parte ed io invito Stacy vicino a me.
"tesoro sei divina, ma cosa ti è successo?" mi dice e le racconto che volevo cambiare.

Capitolo 8- Jennifer

All' uscita da scuola trovo quel coglione di James vicino alla mia moto.
"wow ma di chi è questo splendore, nessuno è mai venuto a scuola con una moto del genere, quasi lo invidio" dice ed io intervengo subito.
"la carrozza era già stata prenotata e mi hanno proposto questo gioiellino ma attento che a mezzanotte diventa una zucca" gli dico.
"è tua? impossibile"

"no non è mia, è della fata turchina, a proposito gliela devo riportare, ciao"
E sfreccio via lasciandolo ancora senza parole.

Capitolo 9- Jennifer

Sono a casa che sto cucinando quando Stacy mi chiama.
"pronto?" domando e lei inizia già ad urlare.
"amica mia, stasera c'è una festa vieni? Dimmi di sì ti prego"
"ovvio tesoro, sono Jennifer Mendosa io sono la festa" lei lancia uno strillo di felicità ed io sono costretta ad allontanare il telefono dall'orecchio e alzare gli occhi al cielo.
Alle 20:00 Stacy viene da me e ci prepariamo insieme per andare alla festa.

Lei si veste con un vestito rosso fuoco che le evidenzia tutte le forme e che si abbina al rossetto, io metto un vestito nero in pelle che arriva sopra al ginocchio e lascia poco spazio all'immaginazione, sono cambiata davvero tanto fino a qualche giorno fa questo vestito lo avrei bruciato pensando che ci avrebbe messo pochi secondi a diventare un ammasso di cenere vista la poca stoffa ora invece mi innamoro sempre di più di questi vestiti e di come mi stanno.

Arriviamo alla festa e Stacy si butta sull'alcool ed io decido di seguirla.

Dopo 5 bicchierini di un liquore verde che non so cosa sia sono già mezza andata ma Stacy non si ferma e continua a farmi bere.
"prendi questo, è Vodka alla ciliegia, uh anche questo è un Sex on the beach, e questo, è Tequila, poi Jägermeister, un po' di Rum, un Margarita, Mojito, Cosmopolitan, Daiquiri" e continua a darmi bicchierini e bicchieri stracolmi di alcolici sconosciuti ma io bevo tutto.

Dopo un po' mi gira la testa ma mi sento più leggera.

Ballo con Stacy e iniziamo a strusciarci in modo provocante così da avvicinare qualche ragazzo.
Stacy viene subito portata via da un bel ragazzo ma non riesco a capire chi sia.
Io continuo a ballare da sola per un po' ma poi due mani possenti mi stringono i fianchi e mi tirano verso un corpo ben definito.
Non so chi sia e non voglio saperlo.
Inizio a muovere i fianchi su di lui e in cambio vengo tirata ancora più vicino a quel corpo.
"hai fatto una bella trasformazione cenerentola, resterai così o a mezzanotte devi scappare?" mi

domanda il ragazzo con quella voce così sensuale.

Mi giro e avvicino il mio viso al suo.

"non importa se tornerò una serva dopo mezzanotte, per ora però potresti essere il mio principe azzurro" dico avvicinandomi alle sue labbra e passando lentamente la mia lingua sopra.

"cenerentola non era così sfacciata, ma nemmeno così fottutamente sexy" dice prima di spingere le sue labbra sulle mie e posare una mano sui miei fianchi e l'altra dietro la mia testa per attirarmi ancora di più a lui.

Poco dopo mi ritrovo sollevata da terra e sento che il ragazzo cammina verso non so dove.

Capitolo 10- Jennifer

Mi sento appoggiare su un letto e solo lì capisco che il ragazzo mi stava portando in una camera.
La me di prima non avrebbe mai baciato un estraneo e non ci andrebbe mai a letto insieme ma ormai non sono più quella di prima e voglio fare qualunque cosa che vorrà succedere, non impedirò nulla.
"cenerentola è per caso... vergine?"
"ehm... sì... ma non mi importa mio caro principe, voglio che tu mi

levi quella parola di dosso, adesso"
"Jennifer, sei... sicura?"
"sì, tanto domani non ricorderò nulla e sono io a chiedertelo perciò ti prego, non perdere tempo" lui mi guarda dall'alto e sospirando inizia a baciarmi il collo ma poi si ferma.
"come mai lo stai facendo... con me? Pensavo mi odiassi"
"sinceramente non so nemmeno chi sei, non capisco più niente ho bevuto tanto e ho capito solo che sei un bel tipo" dico accarezzandogli gli addominali e scendendo un po' più giù.

"Jennifer, sono James... sei sicura che vuoi..."

"sì, non mi interessa chi sei, voglio solo divertirmi niente sentimenti e nessun rimpianto" James annuisce e torna a baciarmi il collo, non ho paura, sono priva di emozioni negative.

Sento solo tante farfalle danzare nel mio stomaco.

Non capisco bene in che momento i nostri vestiti sono finiti sul pavimento ma non mi importa.

James inizia a baciarmi il seno scendendo pian piano.

Poi alza lo sguardo per chiedermi ancora il permesso ed io annuisco ormai presa dall'eccitazione.

Lui inizia a toccarmi delicatamente in mezzo alle gambe sul mio punto più vulnerabile, mentre con la bocca stuzzica un mio capezzolo. Decido di farlo alzare da sopra di me e farlo stendere.
Non sono esperta, non ho mai fatto nulla in questo campo ma l'alcol sembra darmi coraggio e lezioni allo stesso tempo.
Mi abbasso per baciarlo e nel mentre faccio scorrere una mano sui suoi addominali fino a farla arrivare sulla sua erezione.
Inizio ad accarezzarla e James sembra essere già pronto.

Inizio a baciare ogni centimetro del suo corpo, passo la lingua sugli addominali e pian piano scendo.
"vuoi fare già tutto oggi?" mi chiede sorridendo ed io annuisco. James però mi ferma e mi fa finire di nuovo sotto di lui.
"sei sicura?" chiede ancora ed io annuisco, si sporge per prendere qualcosa e quando torna al posto di prima vedo che è un preservativo.
Lo indossa e mi riguarda con quello sguardo incerto sussurrando un leggero "okay" quando annuisco ancora.

"andrò piano, fermami quando vuoi" mi dice io annuisco e lui entra pian piano in me.
Io trattengo il respiro a sentirmi riempire completamente.
James controlla che io stia bene prima di accelerare il ritmo.
Presto arriviamo all'orgasmo entrambi per poi addormentarci esausti.

Capitolo 11- Jennifer

La luce entra dalla finestra e un profumo di menta mi avvolge. Apro lentamente gli occhi e mi ritrovo un corpo maschile ben scolpito davanti a me, alzando gli occhi scopro che si tratta di James… non è possibile…
Mi alzo di scatto e nel farlo lo sveglio.
"buongiorno" biascica lui ed io mi vesto in fretta, perché eravamo nudi?!
"cosa… cosa è successo?" chiedo iniziando ad andare nel panico.

"non... ricordi?" mi chiede lui ed io scuoto la testa in segno di negazione
"noi... abbiamo..."
Lui annuisce ed io mi maledico
"sei... pentita?"
Non sono pentita, ieri mi volevo divertire e lo voglio ancora, sono cambiata e ora penso solo a stare bene, e lui ieri mi ha fatto stare tanto bene.
Il problema non è cosa è successo ma con chi, ora lui andrà in giro a dire che mi ha tolto la verginità e cazzate del genere.
"no... non sono pentita..." dico in un sussurro incerto.

"sei...sicura? Mi sembri scossa" mi dice vestendosi per poi venire davanti a me.
"è solo che... non avrei dovuto farlo, almeno non con te..."
"io... non dirò niente... ecco... sulla..." inizia a balbettare.
"ho capito... grazie" sussurro abbassando gli occhi.
"mi dispiace, io non volevo, eri ubriaca e... magari sognavi una bella prima volta per te... invece ho infranto tutto..." inizia lui sedendosi sul letto.
Lo raggiungo anch'io sedendomi poco distante da lui e sospirando dico:

"ti ho mentito… io… non avrò mai una bella prima volta…" sussurro senza sapere perché lo sto raccontando a lui.
"cosa intendi?" mi domanda curioso.
"non… non sono vergine…"
"lo so… dopo ieri… mi diaspiac-"
"no, intendo… che non lo ero… quando te l'ho detto…"
Lui rimane sospeso tra la sorpresa e la curiosità ed io continuo a parlare.
"avevo 7 anni… mia madre… era andata a fare la spesa e…" mi si blocca il respiro a parlarne e gli occhi mi si riempiono di lacrime rendendomi la vista sfocata.

"lui… era arrabbiato, lei non tornava più e lui odiava che lei uscisse sola…" una lacrima mi scende e James mi accarezza la schiena.
"sfogò la sua rabbia su di me, mi violentò più e più volte in un solo giorno… la sera mentre dormivo lui iniziò ad urlarle contro…" altre lacrime scendono e James si avvicina a me.
"pioveva e ad un tratto sentì un colpo… credevo fosse un tuono ma… da lì la casa divenne come isolata, non c'era più un minimo rumore oltre la pioggia che batteva sui vetri…"

James mi guarda ed io finalmente alzo lo sguardo per guardarlo negli occhi.

"l'ha uccisa... l'ha picchiata così tanto e poi... la buttata per terra... lei... lei ha colpito lo spigolo del tavolo e... e..." ormai sono una valanga di lacrime.

James mi spinge sul suo petto delicatamente e mi accarezza i capelli.

"mi dispiace... mi dispiace tanto..."

"ora... avrai delle cose in più da dire ai tuoi compagni..." dico io alzandomi e asciugandomi le lacrime.

"non racconto cose private delle mie amiche, soprattutto cose così" dice ed io sorrido.
"quindi siamo amici?" domando
"se vuoi"
Sorrido ancora e lui torna ad abbracciarmi.

Capitolo 12- Jennifer

È passata una settimana da quella festa, ormai faccio parte del gruppo di James e anche Stacy è entrata a farne parte.
Ho conosciuto anche Lauren e Tess due amiche di Stacy e la cosa che le unisce è che sono andate tutte a letto con James, o meglio siamo.
James mi chiama ancora cenerentola ma devo ammettere che è carino come nome anche se lo usa per infastidirmi.
Ogni tanto abbiamo ancora qualche avventura tra le lenzuola ma solo in rapporto di amici.

Ogni sera facevamo festa ed ogni momento era buono per bere o fumare.

Adesso siamo al centro commerciale, stasera c'è una festa e siccome ho bisogno di un vestito ho chiesto a James di accompagnarmi a sceglierne uno. Sia perché la moto è in riparazione, dopo un piccolissimo incidente di parcheggio dove potrei aver preso male il marciapiede e beccato un palo... Ma anche perché voglio essere sexy e il consiglio di un uomo è perfetto per esserlo.

"dai Jenny, fai presto" dice da fuori al camerino.

"ho fatto" dico uscendo e roteando in un vestito verde corto e scollato, ben aderente.
"wow, molto meglio questo del rosa"
"sì in effetti ho chiuso con il rosa confetto e gli abiti sotto il ginocchio" rido.
Provo un'altra decina di vestiti con James che mi urla dietro per il troppo tempo impiegato.
"questo?" chiedo uscendo dal camerino con un vestito blu molto molto corto, con la parte sopra scollata e completamente trasparente, menomale che ho un reggiseno nero sotto.

"porco il cazzo" dice lui facendo il gesto di asciugarsi la bava ed io rido.
"questo cazzo, è decisamente questo" dice lui ed io faccio un giro su me stessa.
"aspetta lo provo con le scarpe" dico e vado a mettere dei tacchi parecchio alti da far venire le vertigini e con un laccetto che arriva fino al polpaccio.
"dio mio, così mi farai impazzire, non sono innamorato ma l'eccitazione la sento ti ricordo" dice lui affannando.
"beh siamo anche scopamici, ti ricordo" lo scimmiotto e mi avvicino a lui che mi sorride.

Paghiamo il vestito e poi corriamo a casa dove possiamo divertirci da soli.

Capitolo 13- Jennifer

È passato qualche mese ed è finito l'anno scolastico.
In questi mesi io e James abbiamo continuato le nostre avventure ma entrambi abbiamo provato anche con altri, non ci sono sentimenti di mezzo, è solo sesso e amicizia ed a noi va bene così.
Io ho provato a cercare qualche relazione ma sono tutte così noiose e mi stanco subito.
Adesso stiamo organizzando tutti insieme una vacanza sulla nave di un amico di James, Drew.

"allora ragazzi ci vediamo venerdì" dice salutandoci una volta deciso tutto.

"sarà divertente" dico io.

"ci puoi scommettere, Drew è matto, su quella nave organizza robe folli" mi dice James.

"hai fame?" mi chiede poi ed io annuisco.

Andiamo a mangiare in un ristorante vicino a noi specializzato nel pesce.

"sai ho sentito che quello sfigato del prof Evans sta divorziando e la moglie lo ha cacciato di casa" mi dice dopo aver ordinato da mangiare.

"dici che è sfigato solo perché è più bello di te" dico ridendo e prendendolo in giro.
"ma senti un po', lo difendi? Sei forse innamorata?" mi risponde sorridendo ed io rido dietro di lui.
Arrivano i nostri piatti ed iniziamo a mangiare.
"cavolo questo salmone è proprio buono" dico io assaggiando un pezzettino del mio pranzo.
"anche il pesce spada è fantastico" mi dice lui e in tutta risposta io gli rubo un pezzo del suo di pranzo.
"hey! Quello è il mio pranzo" dice prima di rubarmi un pezzo di salmone, scoppiamo a ridere entrambi ed è lì che penso che

sono fortunata ad avere un amico così,

Capitolo 14- Jennifer

Venerdì è arrivato in fretta e noi siamo già pronti per andare in vacanza.
"James muovi quel cazzo di culo" gli grido e lui promette che sta arrivando.
Andiamo a casa di Drew e poi partiamo tutti insieme con il furgoncino che ha noleggiato per questi 3 mesi.
"dai che cazzo di musica è" si lamenta James durate il viaggio perché non sopporta Ed Sheeran.
"macchina mia musica mia" dice Drew.

"ti facevo un tipo duro e ribelle, ma se ascolti il rosso ho i miei dubbi" dice ancora James.
"almeno per conquistare una ragazza è ottimo" dico io invece ridendo.
"menomale che non è ho bisogno" ribatte lui con una scrollata di spalle.

Il viaggio continua tra risate e piccoli litigi, io e le ragazze ridiamo esasperate ogni volta che i ragazzi discutono.
Dopo due ore arriviamo finalmente al mare.

Corriamo subito sulla nave e troviamo un angolo bar pieno di alcolici.
"ma guarda un po'" dico a James prendendo una decina di birre e distribuendole.
"Jen... sono le 10 di mattina" mi dice Stacy.
"hai ragione, è anche tardi per bere dovevamo iniziare prima" dice Tess e noi ridiamo.

Capitolo 15- Jennifer

Le sere sulla nave vanno alla grande, passiamo giornate a bere e prendere il sole.
I ragazzi cucinano e noi ragazze ci rilassiamo nella spa della nave.
C'è anche una specie di discoteca dove andiamo la sera, questa nave è praticamente una crociera, mi chiedo quanti soldi abbia la famiglia di Drew per potersela permettere.
Ogni giorno poi ci fermiamo in giro per le città a fare un giro e scorta di cibo e alcol.

Abbiamo visto diverse città come: Annapolis, Norfolk, Charleston e Miami.

Capitolo 16- Jennifer

I 3 mesi di vacanza sono finiti, siamo tornati a casa e tra 2 giorni inizia di nuovo la scuola.

Mi mancheranno le giornate nella piscina o nella spa della nave, le serate a ballare in mezzo al mare o a bere guardando il tramonto e l'alba.

Capitolo 17- Jennifer

La scuola è iniziata, da poco meno di una settimana, James mi ha detto che c'è una nuova ragazza che sembra me prima, mi ha anche avvisato di una gita dove ancora non ho deciso se andarci.

Capitolo 18- Jennifer

Alla fine sono venuta in questa gita, anche se a scuola non ci sono ancora tornata.

Quando entro in camera vedo che non la condivido con nessuno, meglio così, ho ancora i miei incubi e non voglio che qualcuno lo venga a scoprire.

Mentre esco dalla camera per andare a cena mi scontro con il prof Evans.

"signorina mendosa, non la vedo più a scuola"

"sì, non avevo voglia di venire" gli dico e poi facendogli un occhiolino me ne vado.

"signorina lei è già a rischio debito con molto prof, e non siamo nemmeno al primo quadrimestre" mi dice mentre vado via.

Capitolo 19- Jennifer

mentre stavo scendendo le scale incontro James con una confezione di schiuma da barba.
"ma che ci fai con quella? Non l'avevi portata?" gli chiedo.
"sì ma i capelli di Daisy, la nuova ragazza, hanno voluto provarla" rido per quanto è scemo e lo accompagno per posare la schiuma da bagno.
"secondo me ti piace"
"non mi piace smettila" mi dice lui.

Posiamo la schiuma da barba e andiamo a mangiare ma poco dopo James mi porta in camera.
"sicuro che non ti piace? Continuavi a fissarla" gli dico.
"no, non mi piace cazzo"
"dimostramelo" dico sghignazzando e lui lo fa, mi sbatte al muro ed inizia a spogliarmi, rimango solo in reggiseno e lui inizia a prendermi sul muro e poi si sposta sul letto.
"visto? Non mi piace altrimenti non sarei qui" dice sghignazzando anche lui.
"cazzo sei fantastico Jay" dico e lui continua a scoparmi più forte.

"cazzo ci sono, vieni con me Daisy" l'ultima parte la sussurra.

Ho sentito bene? Veniamo insieme e con il respiro corto gli chiedo cosa ha detto.

Lui nega.

Capitolo 20- Jennifer

Domani sarà il giorno della visita al museo e non ho capito cosa vedremo.
Giusto mentre ci penso vedo il prof Evans passare.
"buongiorno prof, posso chiederle che cazzo vedremo domani? Non l'ho capito"
Gli chiedo e lui mi spiega che sono diverse opere.
"ok, ah prof c'è un argomento che non ho capito per la verifica della settimana prossima, sa studiando da soli…" gli chiedo poi e lui mi chiede quale.

"aspetti prendo il libro"
"entri altrimenti se la vedono qui fuori chi sa cosa penseranno" gli dico poi.

Lui entra e lo faccio sedere sul letto, prendo il libro e apro la pagina che non ho capito, glielo pongo e lui inizia a spiegarmi, mi siedo anche io sul letto.

"vedi praticamente questa è un opera di..." continua a parlare ma io sento uno strano senso di eccitazione, è un bel uomo si sa ma... è qualcosa di forte.

Non so perché, non me ne accorgo nemmeno, la mia mano si muove da sola e arriva al suo viso girandolo verso di me. mi guarda sorpreso ma non gli lascio il tempo di parlare che le mie labbra sono sulle sue.

È un bacio dolce e lento, bacia bene ed ha un sapore misto tra menta e caffe.

Ci stacchiamo dopo un po' uno più sorpreso dell'altra ma anche eccitati da questo nuovo rischio.

"cosa... cosa stai facendo..." mi dice lui.

"non... lo so... sentivo il bisogno di farlo... mi scusi..." sono un po' a disagio, se ora lo dirà in giro?

Non ho tanto tempo di pensare perché la sua mano calda si posa sotto il mio mento e mi fa girare verso di lui.

Inizia a baciarmi in modo più rude e urgente, è un bacio passionale, diverso dal primo.

Ci lasciamo andare e salgo a cavalcioni su di lui.

Lo faccio stendere sul letto e continuiamo a baciarci, inizio a strusciarmi su di lui per calmare quel senso di fastidio in mezzo alle mie gambe, ho bisogno di sentirlo.

Inizio a sbottonargli la camicia e lui mi leva la maglietta ma poi quando scendo con le mani sui pantaloni me le blocca.

"aspetta… cosa stiamo facendo… non possiamo… e se…"

"nessuno lo verrà a sapere" dico tornando a baciarlo e spogliarlo.

Si lascia convincere e mi alza la gonna che avevo indossato oggi, mi tocca e sento dentro di me emozioni nuove, solo James era riuscito a farmi sentire qualcosa di simile ma con il prof Evans è… meglio.

Forse sarà l'adrenalina dell'essere scoperti.

Capitolo 21- Evans

Non so cosa mi prende, ho sempre visto qualcosa di diverso in questa ragazza, già dal primo giorno, ho sempre sentito di doverla proteggere, come con suo padre. E poi... è così bella...

Capitolo 22- Jennifer

Forse abbiamo fatto una cazzata ma non me ne pento ne sentivo davvero il bisogno, alla mostra evitiamo di incrociare gli sguardi ma nessuno se ne accorge.

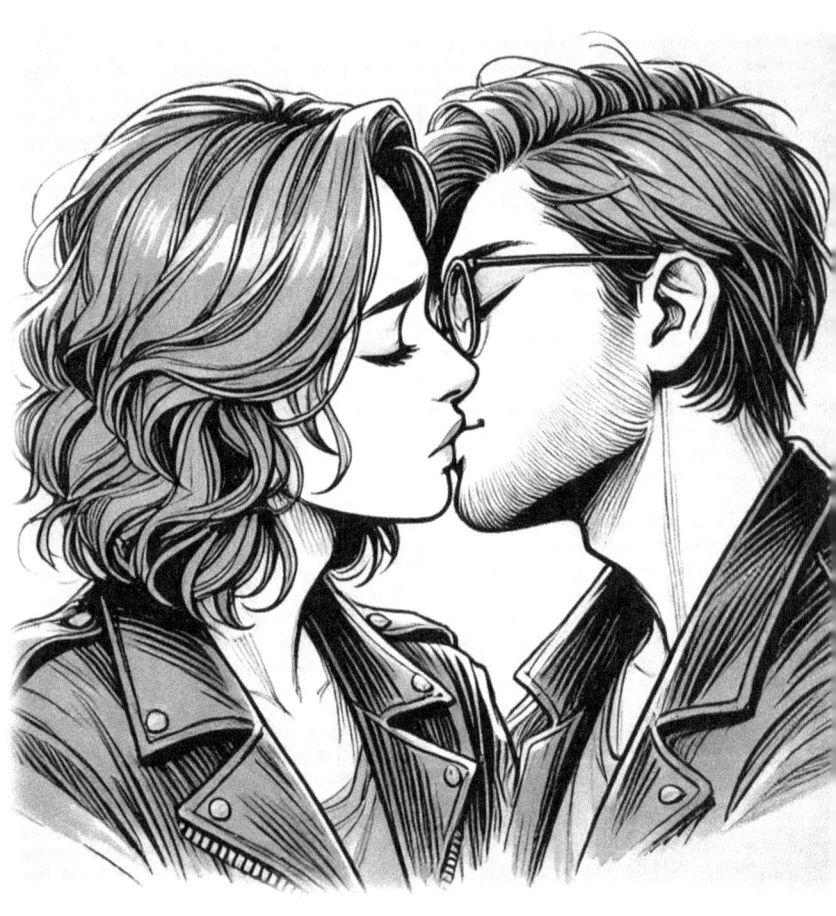

Capitolo 23- Jennifer

È passata una settimana e con il prof Evans non è successo più nulla, ora stiamo facendo quella verifica, si sono tornata a scuola solo per vederlo.
Non so perché ma è come se avessi bisogno di lui.
Ho finito la verifica da circa 20 minuti ma voglio consegnare per ultima, così da poter parlare con lui.
Dopo altri 15 minuti consegna anche l'ultima persona, aspetto che esca dalla classe e poi vado da lui.

"grazie..." dice evitando di guardarmi mentre prende i fogli.
"senta... volevo parlarle..." alza la testa e finalmente mi guarda, sospira e si avvia alla porta, penso che voglia andarsene ma invece la chiude e torna da me.
"è stato solo uno sbaglio" dice subito.
"lo so ma... non so, non mi piace che lei mi eviti..." non so perché parlo così con lui ma è la verità.
"cioè... se ne accorgeranno..." dico per pararmi il culo.
"signorina Mendosa... non ha capito la gravità della cosa..." dice aggirando la scrivania e vendendo di fronte a me.

"quello che è successo..." dice chinandosi e arrivando ad un millimetro dalle mie labbra.

"non deve ripetersi..." parla ma inizio a non sentire più nulla, il respiro diventa affannoso ad entrambi ed iniziamo ad alternale lo sguardo dagli occhi alle labbra, lui se le lecca ed io deglutisco.

"fosse per me..." e mi accarezza un fianco.

"ti prenderei ogni singolo giorno..." dice e mi mette anche l'altra mano sul fianco poi inizia a farle scendere più giù.

"proprio su questa scrivania..." e mi solleva posandomi su quella scrivania tentatrice.

"allora lo faccia" sussurro, mi manca l'aria.

"non possiamo..." dice cercando di allontanarsi ma io lo tiro dalla camicia e lo bacio con forza, mordo il suo labbro e gli tiro i capelli.

"Jennifer..." sospira sulle mie labbra.

"lo faccia, la prego, non c'è nessuno ora, sono andati via tutti" ormai lo supplico.

Mi levo la maglietta lentamente e rivelo il mio reggiseno in pizzo nero.

"non lo vuole?" gli chiedo e lui deglutisce abbassando lo sguardo sul mio seno.

Faccio scorrere anche la gonna e le calze a rete, resto in intimo.

Mi spingo più indietro sulla scrivania e apro lentamente le gambe.

"la prego" sussurro ancora.

Mi guarda e quando faccio scorrere una mano dal mio seno al mio punto più sensibile lui sussurra un "fanculo" e si butta sulla mia bocca, la divora e nel mentre mi tocca ovunque.

Scende a baciarmi il collo, poi il seno, la pancia e si ferma sulle mie mutandine.

Ci passa lentamente due dita da sopra la stoffa ed io rabbrividisco. Mi sposta le mutandine di lato e fa scorrere di nuovo un dito sopra ed io gemo.

Avvicina la bocca e mi lascia un leggero bacio sulla pelle già bagnata e poi fa scorrere lentamente la sua lingua su di me.

Gli tiro i capelli e poi lo spingo più vicino, lui inizia a leccare più velocemente e a succhiarmi anche l'anima, io continuo a lanciare piccoli gridolini quando la sua lingua mi penetra.

Vengo e lo tiro a me per baciarlo gli inizio a levare la camicia e lui ansima quando lo sfioro lentamente.

Si finisce di spogliare e si spinge subito dentro di me.

Come se non aspettasse altro.

Capitolo 24- Jennifer

"la prego non mi eviti ancora" così era finita quella conversazione quel giorno e da lì lui mi guardava, mi salutava con un "buongiorno" in pubblico e con un "ciao bellissima" quando eravamo soli. Continuavamo a fare sesso a casa mia, a scuola ovunque.
Non stavamo insieme ma ci bastava quello, o almeno così pensavo.

Capitolo 25- Jennifer

"hai fame?" mi chiede dopo una delle nostre avventure sotto le coperte.
"sì" dico.
Ordina due pizze e poi torna nel mio letto.
"sai, è brutto non poter uscire a cena ogni tanto, come amici ovviamente" mi dice scherzano e ridendo ed io annuisco.
"già" dico poi.
Bussano al campanello e vado ad aprire.
Ritiro le pizze e vado a mangiare nel letto con Evans.

"nessuno sa di noi vero?" dico di no e lo guardo perplesso, perché me lo chiede così dal nulla?

"nemmeno James? Non lo vedo dalla gita al MoMA, eravate molto, intimi da quel che so"

"no, non lo sento nemmeno io da quella gita, è partito, ha cambiato città ma non so dove sia" lui annuisce.

Finiamo la pizza e poi lui va via.

Capitolo 26- Evans

"anche oggi torni tardi eh, tuo figlio l'hai dimenticato?"
Mi domanda Natalie, mia moglie.
"ho lavorato e poi sono andato a cena con dei miei colleghi"
"questi colleghi sono delle ragazzine della tua classe?" mi domanda ed io sbianco.
"c-cosa?"
"ho il sospetto che tu ti frequenti con una tua alunna, non so chi e non so se sia vero ma il mio sesto senso dice così"

"che sciocchezze" dico andando verso la camera di mio figlio, Jonathan.

Dò due colpi sulla porta e poi entro, Jonathan sta giocando con i supereroi che gli ho regalato qualche anno fa.

"hey campione, ti ho portato un dolcetto" dico porgendogli una barretta Hershey.

Lui l'afferra e mi sorride "grazie papà, posso mangiarla già ora?" domanda con gli occhioni dolci ed io annuisco.

"solo un pezzetto però" lui sorride e scarta il dolcetto, poi lo vedo staccare 3 pezzetti, ne

offre uno a me ed uno a sua
madre che ci ha raggiunti e ci
sta, o meglio mi sta guardando
con le braccia conserte e lo
sguardo atroce da dietro,
io sorrido e lo ringrazio,
orgoglioso di aver cresciuto un
figlio così orgoglioso.

Capitolo 27- Jennifer

"ragazzi che scenata... c'è il prof Evans che sta litigando qui fuori con la moglie, venite a vedere" dice Stacy e tutti ci avviciniamo alla porta.
"prenditi le tue responsabilità!" grida la donna fuori di sé.
"Natalie, cerca di calmar-"
"non dirmi di calmarmi!" grida ancora lei ed il prof si guarda intorno sentendosi osservato.
"Natalie, ne abbiamo già parlato"
"no! Tu non li devi più vedere! Sei un mostro!" urla lei sul punto di saltargli addosso.

"sono i miei figli…"
"no! Erano i tuoi figli ma da quanto te ne vai in giro a scoparti ragazzine immature tradendomi non sei più padre!" aspetta… sa di noi? Si riferiva a me con quel "ragazzine immature"?
Torno al mio posto e dopo poco sento le urla cesare e vedo il prof entrare in classe dopo che i miei compagni sono corsi a sedersi.
"buongiorno ragazzi" e inizia la lezione come se non fosse successo niente.

Capitolo 28- Jennifer

La lezione finisce e come sempre esco per ultima.
"Jennifer aspetta" mi ferma lui, torno indietro e lo fisso aspettando di sentire cosa ha da dirmi.
"tutto bene?" mi domanda ed io annuisco abbassando gli occhi.
"sicura? Mi hai ignorato per tutta la lezione, non mi guardavi, non parlavi, eri assente"
"io..."
"hai sentito tutto vero?" domanda infine ed io annuisco timidamente.

"non sa di noi, soprattutto di te, ha solo vaghi sospetti" mi rassicura ed annuisco ancora ma poco convinta.

"però ha detto che sono una ragazzina immatura" ricordo e lui sorride.

"non ti conosce nemmeno, parlava generalmente"

"ce ne sono state altre? Parlava al plurale" dico ancora e lui scuote la testa.

"no, era sempre generica"

"ok..." sussurro e lui mi attira a sé abbracciandomi.

"tranquilla piccola, non prendertela per quella lì"

Come… mi ha chiamata? Mi torna il sorriso solo per quello stupido nomignolo e lo bacio.

"ti è tornato il tuo splendido sorriso che adoro, sarà forse perché ti ho chiamata in quel modo? Piccola" ribadisce ed io torno a baciarlo spingendolo verso la scrivania.

"aspetta… adiamo a casa" mi dice allontanandomi ed io sorrido correndo fuori dall'aula.

Capitolo 29- Jennifer

Arriviamo a casa e corriamo subito verso il letto, iniziamo a baciarci e e lui mi prende in braccio.
"non mi basta più" dice ad un tratto.
"cosa?" domando confusa.
"questo, ho bisogno di baciarti in pubblico, di abbracciarti, di non nasconderci più, mi sto innamorando Jennifer"
"mancano 2 anni alla laurea e poi potremmo rivelarci" dico io e lui sospira.
Ci sediamo sul letto.

"io ho bisogno di averti completamente per me, ora" dice.
"sono solo tua"
"hai… avuto altre storie prima di me?" mi domanda.
"serie no, solo divertimento, il primo è stato James, seguito da tanti altri" dico io.
"tu e James ricordo che vi odiavate, un po' come lui e Daisy"
"sotto sotto si amano loro due"
"e voi due no?" mi domanda.
"no, era solo divertimento e poi non lo vedo più dalla scorsa gita"
"come siete diventati… amici"
"come mai tutte queste domande?"
"curiosità"

"beh dopo il mio cambiamento ero ubriaca e siamo finiti a letto insieme, il giorno dopo senza motivo gli ho raccontato la storia di mio padre"

"ah vero, perché eri così terrorizzata da lui?"

"lui... mi ha fatto male in passato..."

"ti... picchiava?"

"anche... ha ucciso mia madre... mi ha violentata tante volte... mi picchiava e non badava mai a me, ho dovuto imparare a cucinare a 10 anni, dopo che i vicini hanno sentito le mie urla per il dolore degli schiaffi e mi hanno trovata svenuta a terra.

Quel giorno lui fu arrestato, io ricoverata perché ero diventata quasi anoressica, non mangiavo da quasi un mese, non mi dava da mangiare, passava le giornate a puttane e a bere, poi andava a giocare d'azzardo e quando perdeva tornava a casa e si sfogava su di me.

Un qualsiasi bambino spererebbe che il padre vinca quel gioco così da diventare ricchi, io speravo vincesse solo perché così magari era meno arrabbiato e soffrivo meno…"

"cazzo... mi... mi dispiace piccola..." mi abbraccia ed io asciugo l'unica lacrima scesa, ricordare tutto fa ancora un po' male.
"quando uscì di prigione scappai di casa e cercai lavoro in un bar qui a Ravenwood e con quello stipendio misero mi sono guadagnata la casa e la scuola.
Poi mio padre mi ha ricontattata, mi ha mandato un mucchio di soldi per farsi perdonare e li ho usati tutti per il mio cambiamento"
"fantastico cambiamento" mi dice lui lasciandomi un bacio sulla fronte.

"ora ci sono io, sei al sicuro"

Capitolo 30- Jennifer

Sono a casa da sola e mi annoio, sono sdraiata sul letto e vedo dei video su YouTube, ad un tratto mi esce una video ricetta dei biscotti al cioccolato e decido di farli per il mio prof preferito.
Vado in cucina per farli ma mi rendo conto che mancano degli ingredienti, decido quindi di vestirmi e andare al supermercato sotto casa.

Arrivata al supermercato prendo un carrellino ed inizio a metterci dentro gli ingredienti per i biscotti prendo anche quelli già pronti nel caso che i miei non dovessero venire.

Decido di prendere anche delle pizze surgelate per cenare e una bottiglia di Barefoot Chardonnay. Nel mentre che guardo il reparto frutta vedo una donna che passa e mi guarda male, la riconosco quasi subito, è la moglie di Evans.

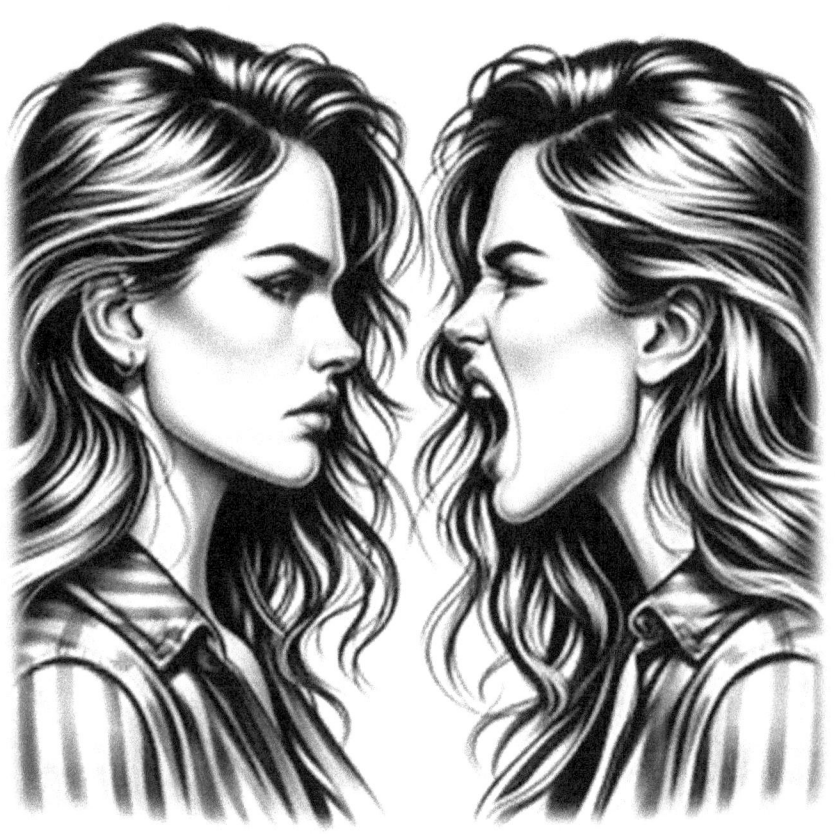

Capitolo 31- Jennifer

La donna si avvicina a me in fretta e mi arriva davanti in pochi passi, inizio a guardarmi in giro come a cercare qualcun altro che stia fissando, ma guarda solo me.

"ciao"

"ehm... salve?"

"sono... la moglie del prof Evans, sei una sua alunna vero?"

"ehm sì..."

"so che mi tradisce" rimango sorpresa.

"c-cosa?"

"hai capito bene, so che mi tradisce e penso proprio che lo faccia proprio con te!" inizia ad alzare la voce, merda come fa a sapere di noi.
"signora lei sta facendo delle accuse pesanti e non ha le prove" ribatto restando tranquilla e guardandola negli occhi iniziando quasi a sfidarla.
"la camicia di mio marito aveva lo stesso profumo che hai tu ora, in più ho trovato un capello blu, ho pensato che per forza era una ragazzina, solo voi fate questi assurdi colori in testa, in più la camicia era sporca di un rossetto che rosso quasi nero, oh ecco, è

proprio questo colore" dice toccandomi le labbra, io mi ritiro di scatto e la guardo di sottecchi. "signora credo che lei sia pazza, in oltre il rossetto che indosso è un rosa nude, ma quello che ha lei è proprio il colore che ha descritto, e si ho un rossetto uguale ma l'ho perso il giorno che lei è venuta a scuola, forse ne sa qualcosa?"

"tu stupida ragazzina, la pagherai per avermi rubato mio marito! Sei solo una sgualdrina! lurida puttana!" e se ne va così.

Capitolo 32- Jennifer

"e poi se né andata urlandomi contro e insultandomi" spiego ad Evans l'accaduto di oggi.
"mi dispiace amore, sta diventando sempre più pazza, la cocaina non aiuta sicuramente..."
"cosa? lei... si droga?"
"da circa 3 anni, ho provato ad aiutarla ma non me lo lascia fare, per quello il nostro matrimonio è finito in crisi, era arrivata anche ad alzare le mani sui miei figli, per quello volevo portarli via, ma lei mi impedisce di vederli, per questo era venuta a scuola" mi

dice ed io resto sempre più scioccata.

Capitolo 33- Evans

Adesso basta, mia moglie mi ha stancato, le parlerò stasera appena torno a casa.

Arrivato a casa entro in fretta e sbatto la porta.
"dove sei?" urlo e lei scende le scale pallida e sudata, avrà avuto un'altra delle sue crisi.
"non urlare pezzo di merda! Non ne hai il diritto!" grida lei.
"e tu hai il diritto di spaventare le mie alunne?" urlo ancora.

"lei non è una tua alunna! È la tua cazzo di amante!"

"noi ci siamo separati! Stiamo divorziando e se tu firmassi quei cazzo di documenti saremmo già lontani!"

"non firmo per farmi portare via i miei bambini!" grida ancora e ho quasi paura che i bimbi si sveglino ma non resisto.

"i tuoi cazzo di bambini li meni ogni cazzo di volta che sei strafatta! Anche senza motivo! E volevi chiuderli in cantina per una notte solo perché non volevano mangiare la pesca! Al quale sono anche allergici!"

"no, non gli farei queste cose" abbassa la voce e sembra sul punto di piangere.
"ed invece l'hai fatto, se li porto via è solo per il loro bene, tu disintossicati e poi te li farò vedere" ora sono calmo anch'io ma la calma di Natalie non dura abbastanza.
"il loro bene non esiste! Devono fare quello che dico io! Sono la madre li ho partoriti io! Li ho tenuti 9 cazzo di mesi in pancia! E se li picchio è perché se lo cercano" torna ad urlare e Jonathan scende le scale stropicciandosi gli occhi.

"che succede? Perché urlate?" domanda con la voce dolce impastata dal sonno.

"piccolo, mi dispiace vieni qui, vuoi che ti leggo una storia per dormire?" lui annuisce ma Natalie ci ferma.

"no! Ora deve sapere ha 7 anni, è grande, senti... Jordan..."

"mi chiamo Jonathan mamma..." dice il piccolo con sguardo deluso.

" sì sì, comunque io e questo uomo ci stiamo lasciando, co chi vuoi vivere? Scegli e basta non fare scene"

"papà..." dice dopo qualche secondo di silenzio e ho quasi paura che scelga lei.

"dimmi piccolo" gli dico pensando che mi chiami
"voglio vivere con papà..."
"brutto pezzo di merda!" Natalie alza una mano per colpirlo ma la blocco.
"ora basta, vai a dormire, noi ce ne andiamo.

Capitolo 34- Evans

Jonathan va di sopra e prepara le sue cose da portare via, io preparo le mie, non porto tante cose, solo lo stretto necessario, in modo che Jonathan abbia più spazio per i suoi giochi eccetera.
Appena ho finito vado da lui.
"pronto campione?" domando e lui annuisce, porto anche le sue cose in auto e poi partiamo, ho preparato anche le cose per Rebecca che oggi è da un'amica e non voglio rovinarle la serata.
La chiamo però.

"papà?" risponde dopo il quarto squillo.
"piccola, domani vengo a prenderti, dimmi solo a che ora, non tornare dalla mamma, è impazzita completamente…" dico e poi le spiego cosa è successo.
"finalmente, non la sopportavo più, grazie papà, Jonathan come l'ha presa?" domanda e gli spiego che ha scelto subito lui di venire con me ma non so come si senta. Dopo 10 minuti la lasciò andare a divertire e guardo Jonathan dallo specchietto retrovisore.
"mi dispiace che ti sei dovuto allontanare da tua madre, un

giorno la potrai rivedere, spero"
l'ultima parola la sussurro.
"non la voglio più vedere, è una stronza"
"hey hey, le parole"
"scusa papà"
Sorrido e arriviamo al primo hotel disponibile.

Capitolo 35- Jennifer

Quando il prof Evans entra in classe lo vedo da un lato più rilassato ma anche pensieroso.

Appena finisce la lezione vado da lui, ovviamente appena si svuota la classe.
"che succede, ti vedo pensieroso" gli dico accarezzandogli il petto.
"ieri ho preso mio figlio e l'ho finalmente portato via da mia moglie, ex moglie, e stamattina ho preso anche mia figlia"

"ora dove state?" domando felice che finalmente ha risolto.
"in un hotel"
"se vuoi... potete stare da me, così che non paghi l'hotel, alla fine ci stiamo..."
"davvero? Grazie piccola"
Mi bacia ed andiamo a preparare casa per ospitare i bambini.

Abbiamo portato tutte le cose dall'hotel alla casa, sistemato i vestiti dei bambini nell'armadio della camera degli ospiti e messo i vari giocattoli apposto, fortunatamente in questa camera ho due letti singoli, così non litigheranno.

Evans è andato a prenderli da scuola e a breve saranno qui, mi sono fatta dire i loro gusti in dolci e gli ho preparato una torta di benvenuto con crema pasticcera e pezzi di cioccolato Hershey.
La porta si apre mentre io posiziono la torta sul tavolo, prendo i piatti ed Evans mi si avvicina seguito da una ragazza di circa 13 anni e un bambino di circa 7 anni.
"ehm... ciao ragazzi, vi ho fatto una torta, la volete una fetta?" gli sorrido e loro annuiscono sorridendo.
"sei la nuova fidanzata di papà?" chiede la ragazza.

"ehm... io..."
"sì tesoro, è la mia fidanzata"
Lo guardo e sorrido, sono felice che non dovrò fingere davanti ai suoi figli.
"sei bella, molto di più di nostra madre, poi lei era solo una drogata" dice ancora la ragazza.
"comunque sono Rebecca, ho 14 anni e boh, non so come presentarmi" dice sorridendo timidamente.
È una bella ragazza, occhi verdi, capelli biondi, e quel nasino all'insù.
"io invece sono Jonathan, amo leggere, giocare ed ho 7 anni" dice lui, è praticamente uguale alla

sorella solo che ha i capelli più scuri.

"io invece sono Jennifer ho 17 anni, piace anche me leggere e come te non so cos'altro aggiungere" dico ridacchiando e loro mi seguono.

Gli poso una fetta di pane e loro ringraziano educatamente.

Sono bravi ragazzi, l'ho già capito.

"wow, sei bravissima a cucinare, domani posso portarmene una fetta a scuola? E al mio compleanno posso invitare i miei amici qui? E possiamo rifalla? Mi insegni a cucinare?" inizia a tartassarmi di domande Jonathan.

"figliolo, con calma e non stressarla troppo" dice Evans. "scusa" dice il bambino e sorrido di nuovo.

"tranquillo… Ev… tesoro" lo dico a Evans ma solo perché mi rendo conto che non so effettivamente il suo nome, e chiamarlo per cognome davanti ai figli e poi sembra che l'ho detto per il bambino.

Capitolo 36- Jennifer

"Sono simpatici e ben educati" gli dico quando andiamo a dormire.

"anche tu gli piaci" sorrido alle sue parole.

"mi stavi chiamando Evans ma ti sei bloccata" dice poi ricordandomi la figuraccia.

"sì perché... non mi sembra bello chiamarti per cognome davanti a loro" gli dico.

"usa il mio nome allora" dice come se fosse ovvio.

"io...non...non lo conosco"

"c-cosa? d-davvero? Cazzo scusa, è successo tutto così in fretta, mi sembra di conoscerti da sempre e non mi sono presentato completamente, il mio nome è George, George Evans"
"George... mi piace"
"cazzo come suona bene sulle tue labbra il mio nome" dice abbracciandomi e avvicinandomi a lui.
"potresti dirlo in altri contesti" mi dice in modo malizioso e mi bacia, finisco sul letto e lui finisce sopra di me, inizia a strusciarmisi addosso ed io mugolo.
"George..."
"cazzo, mi fai impazzire piccola

Siamo ancora accoccolati sul letto nudi, coperti solo dalle lenzuola.
"grazie per aver fatto venire i miei figli qui"
"è un piacere"
"ma loro hanno 14 e 7 anni, a che età li hai avuti?" gli domando per pura curiosità.
"in realtà non sono figli miei, quando mi sono fidanzato con Natalie avevo 20 anni e lei 29, aveva già entrambi, lei aveva 11 anni, lui invece ne aveva 4, erano figli illegittimi, di quando si prostituiva, io li ho accettati come figli miei, gli ha dato il mio cognome, gli ho fatto da padre, se non avesse iniziato a drogarsi,

saremmo ancora felici forse, o almeno ci saremmo divisi ma loro avevano una madre…"
Mi accoccolo ancora di più a lui e dopo qualche altra coccola e chiacchera ci addormentiamo.

Capitolo 37- Jennifer

La mattina dopo preparo il pranzo ai ragazzi che mangiano a scuola, li accompagniamo e poi andiamo a scuola nostra.
"George, stai andando troppo avanti, ci vedranno" dico quando vedo che non mi lascia al solito posto.
"lo so, voglio che ora lo sappiano tutti"
"ma... perderai il lavoro" dico.
"no, mi sposteranno solo"
"ok..."
Arriviamo a scuola e appena scendo sento tutti gli occhi su di

me, tutti ci guardano soprattutto quando George mi prende per mano.

Non vedo Daisy, che sicuramente sarà costretta da Daniel a stargli attaccata al culo, ma non ci sono nemmeno le ragazze, che è un po' che non le vedo.

Ormai parlo con poche persone. Quando entriamo in classe ci lasciamo la mano e andiamo ai nostri posti, iniziano ad entrare gli altri studenti e tra loro le ragazze. "buongiorno ragazzi, volevo dirvi che tra un mese andremo in Francia al museo della fotografia più famoso, esatto il MEP"

Capitolo 38- Jennifer

È passato un mese, siamo in quella gita e sta per dare le camere gli faccio cambiare quella di Daisy, so che James è qui, ha cambiato nome, ora si chiama Théo ma è qui, dico a George di mettere Daniel con me e Théo con Daisy, lui capisce e sta al gioco.

Dopo un po' io e George andiamo nella sua camera e passiamo tutta la giornata lì prima di cena rincontro James, ci salutiamo e parliamo del più e del meno.
"quindi è fidanzata?"

"sì con Daniel" dico con una smorfia.
"sai se ha... qualche problema? È così... diversa"
"lui la tiene stretta, sa un suo segreto e la ricatta"
"l'ha ricattata per..."
"non credo"
"qual è la sua stanza?"
"la mia, questa dietro, ma ferm-
"non finisco di parlare che è entrato e inizia a picchiare Daniel, poi lo tiro fuori e ci nascondiamo.

Capitolo 39- Jennifer

Aiuto James ad organizzare un'uscita con Daisy.
Andiamo sotto la torre Eiffel e prepariamo coperte, cibo, vino e musica.
"ora ti servirà Ed Sheeran" dico ridendo e lui ricambia.
Io corro da lei, le scelgo un vestito dal suo armadio ed opto per il più bello.
È un vestito da sera in seta con il corpetto in pizzo e la gonna che sfuma dal nero più intenso ad un blu notte.

E addosso a lei sta da dio, l'accompagno giù e la spingo in macchina di James.
Poi vado da George.
"ma buongiorno" mi saluta baciandomi e dandomi una grande busta.
"cos'è?" domando iniziando a sbirciare.
"scoprilo tu stessa" apro del tutto il sacchetto e trovo un vestito nero che si lega solo al collo e lascia tutta la schiena scoperta, è corto ed aderente ma molto bello.
"come mai?"
"perché andiamo al ristorante, qui possiamo, i tuoi compagni ormai lo sanno e non c'è la mia ex

psicopatica" sorride ed io lo seguo, mi vado a cambiare e poi usciamo

Capitolo 40- Jennifer

Appena arriviamo al ristorante noto che è super di lusso, ogni parete è decorata con vetrate o luci led ed anche il soffitto, per terra c'è un pavimento trasparente che permette di vedere un acquario sotto i nostri piedi e ci sono varie pietre per renderlo più realistico.

Guardo George sorpresa, ma anche un pizzico arrabbiata, non volevo che spendesse tutti questi soldi.

All'ingresso ci prendono i giubbotti e ci accompagnano al tavolo.

George ordina una bottiglia di Barefoot Chardonnay.
E poi specialità del giorno che sarebbero semplicemente risotto ai frutti di mare e ostriche.
Alla fine della cena ordiniamo un Soufflé al cioccolato da dividere e poi quando stiamo per andarcene si ferma e mi inizia a parlare seriamente.
si inginocchia con la luce del tramonto che colora il cielo di sfumature dorate, riflettendo l'emozione nei suoi occhi.
"Jennifer," inizia George, la voce leggermente tremante ma piena di determinazione.

"Da quando ti ho conosciuta, la mia vita è cambiata in modi che non avrei mai potuto immaginare. Ogni tuo sorriso, ogni momento passato insieme, ha riempito il mio cuore di una gioia che non pensavo fosse possibile."

Fa una pausa, cercando le parole giuste.

"Non c'è un solo giorno in cui non ti abbia amata con tutto me stesso. Sei la persona con cui voglio condividere ogni singolo momento della mia vita. Sei il mio sostegno, la mia migliore amica, e la donna che voglio avere al mio fianco per sempre, e quella che voglio faccia da madre ai miei figli."

Con mani leggermente tremanti, George tira fuori un piccolo cofanetto di velluto blu, aprendolo per rivelare un anello scintillante. "Jennifer Mendosa, vuoi rendermi l'uomo più felice del mondo e sposarmi?"

Gli occhi mi si riempiono di lacrime mentre guardo George e l'anello. Dopo un attimo che sembra eterno, sorrido e annuisco, pronunciando la parola che George sperava di sentire: "Sì."

Capitolo 41- Jennifer

Ancora non ci credo, mi ha chiesto di sposarlo, MI HA CHIESTO DI SPOSARLO!! E di essere la madre dei suoi figli.
È da quando me l'ha fatta che ci penso e quando vedo le ragazze quasi dico tutto ma vedo Stacy con le lacrime agli occhi e anche Daisy, aspetterò a dopo.
Finita la cena infatti saliamo su e andiamo tutti insieme in una sola camera ovvero quella di Daisy e James, ed iniziano le novità.
"ragazze vi devo dire una cosa" diciamo insieme tutte le ragazze.

"ma che cazzo… cos'è serata novità? Daisy piccola te non devi dirmi nulla vero?" chiede James alla sua ormai fidanzata
"shh voglio sentire e no non devo dire nulla" dice e ci sediamo tutti sul letto. "chi inizia?" domanda ancora James.
"andiamo in ordine partendo da Jennifer" dice Daisy e tutte annuiamo.
"mi sono fidanzata solo che… è un po' più grande di me ed è… un prof… ecco l'ho detto" Tutte urlano un "cosa" rompendo i timpani ai ragazzi che ci guardano ridendo.

"ok poi ci dirai tutto, chi è, se lo conosciamo, quanti anni ha e se è sposato o con figli" dice Daisy. Sapessi mia cara, lo conosci bene e si ha 2 figli e mi ha chiesto di fare da madre a loro e da moglie a lui. Daisy dà la parola a Lauren che guarda Tess che annuisce. "ecco, io e Tess abbiamo capito che ci piacciono tante cose in comune e che stiamo bene insieme, insieme inteso... come più che... amiche" Anche qui si scatenano urla e abbracci e risate dei ragazzi.
"ok ora l'ultima novità, che temo di aver già capito... Stacy" A sto giro lei guarda Marcus e lui non

ride ma si iniziano a commuovere un po' entrambi.

"sono incinta... io e Marcus diventeremo genitori" dice tutto d'un fiato lei e tutte urlano mentre Daisy inizia a urlare che lo sapeva l'aveva già capito e tante altre urla e auguri. "per me sarà maschio" dice Lauren. "no no, femmina" dice Tess. Continuiamo così tutta la notte finché non andiamo a dormire alle 3:00 passate.

Capitolo 42- Jennifer

Oggi è il giorno del MEP, io e le ragazze siamo andate a fare shopping e abbiamo svaligiato tutti i negozi.

Nel mentre che camminavamo ho raccontato alle ragazze di George, del divorzio, dell'incontro con la psicopatica, i bambini, che vivono da me, che mi sono già affezionata e loro a me.

Addirittura durante lo shopping vedo qualche vestito per loro e lo prendo, eleganti, casual, un po' di tutto.

Prendo anche vari giochi visto che Stacy già sta comprando le cose per il bambino o bambina che aspetta e quindi essendo nel negozio di giocattoli ne ho approfittato.

Quando torniamo in hotel ed accompagniamo Daisy, James inizia a lamentarsi.
"ragazze ma quante buste avete, dio mio voi e la vostra stupida ossessione per lo shopping" dice ridendo e alzando gli occhi.

"dai Jay non rompere Daisy ha comprato tante cose carine per te e sottolineo solo per te" dico ridendo anche io e vedo la mia amica arrossire e il suo fidanzato guardarla sorridendo.

"ah sì? Perché non me le mostri piccola?" le dice abbracciandola da dietro e lasciandole un dolce bacio tra i capelli.

"come è diventato dolce il signor Anderson, e comunque noi andiamo, così ti mostrerà quegli acquisti. A dopo ragazzi" dico e poi esco seguita dalle altre.

Ci salutiamo anche con loro e vado da George.

"buongiorno amore, ho fatto tanti acquisti, molto sexy per te, ed ho fatto qualche regalo ai bambini" dico mostrandoglieli.

"qualche?" sorridiamo e poi mi bacia.

"ora voglio vedere quei completini sexy però" dice assestandomi una sculacciata.

Vado in bagno ed indosso il pizzo bianco trasparente con sopra una camicia in seta che copre.

Esco dal bagno dicendo

"ho fatto un regalo anche a te, scartalo pure" e così fa.

Inizia a spogliarmi poi mi lascia baci sul ventre scendendo un po'.

Gli alzo il mento ed inizio a baciarlo salendo a cavalcioni su di lui, levo del tutto la vestaglia e poi spoglio lui.

Ribalta la situazione e mi ritrovo con lui che mi tiene saldamente per la gola ma senza stringere e questo mi eccita parecchio.

Fa scorrere lentamente una mano dal mio collo al seno, il ventre e le mie gambe poi una volta tolti anche i boxer inizia a penetrarmi in modo irruento finché non veniamo e ci accasciamo sul letto distrutti.

Capitolo 43- Jennifer

La sera arriva presto e alle 5:30 siamo già tutte al MEP.
Alla fine siamo vestite tutte in modo diverso, io ovviamente ho un vestito in pelle senza bretelle, è aderente e arriva poco sopra al ginocchio, dove c'è un piccolo spacco.
Tess invece ha un vestito rosso che le casca libero ai piedi le mette in risalto le curve ma non è attillato, ha una sola spallina che si unisce direttamente alla cintura di stoffa in modo diagonale.

Lauren ha lo stesso vestito della sua ragazza ma rosa cipria e il nastro di stoffa ha deciso di attaccarlo al collo facendo una sorta di bretelle che parto dal collo alla vita. E infine Daisy, indossa un vestito di seta beige con un leggero strato di pizzo sulle maniche lunghe e un velo trasparente sopra la gonna di seta. Appena arriviamo cerco George e lo trovo quasi subito che mi sorride, io ricambio.
Mi scrive di andare nel retro, saluto Daisy e mi dirigo dal mio amore.
Passiamo il tempo da soli a bere champagne e parlare.

Poi quando sentiamo che inizia la mostra entriamo.

"buonasera a tutti, e grazie della vostra partecipazione, come già saprete andremo a vedere diverse opere fotografiche di autori emergenti e ci sarà un premio per quella più votata, quindi votate con cura e iniziamo" dice il presentatore della mostra. È un uomo sui quarant'anni, ha i capelli castani e i baffi tipici francesi. Ci dirigiamo alla prima opera e il signore inizia a presentarla.

"Titolo dell'Opera: "Ombres Métropolitaines" Autore: Lucas Vert In "Ombres Métropolitaines", Lucas Vert cattura la frenesia e la

solitudine delle grandi città.
L'opera ritrae una strada affollata di notte, con luci al neon che si riflettono sulle superfici bagnate dalla pioggia. Le figure umane sono sfocate, quasi fantasmagoriche, rappresentando la sensazione di alienazione in un ambiente urbano caotico. La combinazione di luci e ombre crea un'atmosfera di mistero e introspezione." Non bado tanto all'opera perché sono concentrata su George che guarda incuriosito le opere ed è ancora più bello con quello sguardo accigliato.
"Titolo dell'Opera: "Murmures de la Nature" Autore: Élena Rousseau

"Titolo dell'Opera: "Souvenirs Évanescents" Autore: Marc Blanc
"Titolo dell'Opera: "Échos d'Espoir" Autore: Sophie Noir
Il signore continua a spiegare le varie opere ma io non ascolto nulla, però noto che James ancora deve esporre, vedo subito dopo che il prossimo è lui.
"Titolo dell'Opera: "Danse dans le vent de Paris" Autore: James Anderson "Danse dans le vent de Paris" di James Anderson è un'opera fotografica che cattura un momento di pura gioia e libertà. La fotografia ritrae una ragazza dai lunghi capelli rossi che balla in un prato sotto la Torre

Eiffel, illuminata nella notte parigina. I suoi capelli mossi volano nel vento, aggiungendo un senso di movimento e spontaneità alla scena. Vestita con un elegante abito da sera in seta con un corpetto di pizzo, la cui gonna sfuma dal nero più intenso a un blu notte, la ragazza sorride mentre si lascia trasportare dalla musica interiore. La scena è immersa in un'atmosfera magica e romantica, con la Torre Eiffel che brilla sullo sfondo, creando un contrasto affascinante con il prato buio e deserto. Non c'è nessun altro intorno, sottolineando la solitudine e la libertà del momento. L'opera trasmette una sensazione di felicità e leggerezza, invitando lo spettatore a immergersi nella bellezza e nella serenità della notte parigina. Anderson riesce a catturare non solo l'immagine di una ragazza che danza, ma anche l'essenza stessa della libertà e della gioia che si prova quando ci si lascia andare ai propri sentimenti, senza preoccuparsi del mondo circostante."

Mezz'ora dopo siamo tutti sotto il palco e i vari espositori sono sopra insieme al presentatore.

"eccoci qui, ora consegneremo il premio al vincitore. Vediamo prima le classifiche."

"10° Posto: "Éphémère Évasion" Autore: François Bernard
9° Posto: "Cœurs Urbains" Autore: Antoine Lefèvre
8° Posto: "Reflets d'Automne" Autore: Jean Dupont
7° Posto: "Lumières de l'Aube" Autore: Amélie Garnier
6° Posto: "Sérénité Éternelle" Autore: Claire Dubois
5° Posto: "Souvenirs Évanescents" Autore: Marc Blanc
4° Posto: "Sussurri della Natura" Autore: Élena Rousseau"

"3° Posto: "Ombres Métropolitaines" Autore: Lucas Vert"
"2° Posto: "Échos d'Espoir" Autore: Sophie Noir"
"e infine 1° Posto: "Danse dans le vent de Paris" Autore: James Anderson Complimenti ragazzo"
Daisy imazzisce ed inizia ad esultare ed abbracciarci
"ha vinto! ha vinto!" urla emozionata piangendo.
"grazie signor Smith, grazie a tutti, soprattutto a chi mi ha votato grazie mille" James inizia a fare un discorso allora ci calmiamo e lo ascoltiamo.

"ma c'è una persona che non solo vorrei ringraziare all'infinito ma vorrei anche presentarvela. Daisy Davis, vieni sul palco" lei si guarda spaesata e noi la incoraggiamo ad andare spingendola le porge la mano per aiutarla a salire e tornando poi al microfono.
"questa ragazza è la ragazza della foto, è colei che mi ha ispirato a fare quella foto senza uno studio dietro e senza un set o delle pose. Ma non solo, è anche la ragazza che mi ha insegnato ad amare e ad amarmi. E quella foto non la descrive solo perché la ritrae ma anche perché è come lei, genuina, arrivata per caso, apprezzata da

pochi ma che vale molto. È arrivata dal nulla ed ha cambiato la mia prospettiva di vita. In quella foto ci avrei visto una ragazza pazza che balla da sola ma ora... Ora ci vedo una ragazza bellissima che fugge dalla crudeltà del mondo e che per una notte riesce a sognare libera da ogni incubo. Ci vedo una ragazza che sa amare e farsi amare senza provare mai vergogna degli altri, un po' come non prova vergogna a ballare tutta sola di notte in una meta così turistica. Ed è proprio per questo che la amo e la ringrazio più di ogni altra persona. Ti amo piccola" l'ultima frase la sussurra ma si sente lo stesso.

Finisce il discorso posandole prima un bacio tra i capelli e poi baciandola appassionatamente sulle labbra.

Applaudiamo e fischiamo e loro sorridono.

Capitolo 44- Jennifer

Quando torniamo in hotel George mi porta in camera sua.
Passiamo la notte tra coccole e film.
"qual è il tuo genere preferito?" mi domanda.
"ovviamente horror giro con gli adesivi dei graffi insanguinati sulla moto, teschi ovunque, sempre vestita di nero" rido.
"anch'io amo gli horror, dovremmo andare al museo delle reliquie di Araknos, conosci la leggenda?"

"mh, no mai sentita ma ho già sentito un nome simile al college" dico io.

" sì la squadra di football Araknos Warriors, quelli con lo stemma di un ragno.

La leggenda parla di questo demone figlio di un'entità di pura malvagità che è stato mandato sulla terra per raccogliere le anime necessarie al risveglio di Malumor è la leggenda più famosa e importante di Ravenwood"

"wow, quando andiamo?"

"quando vuoi, anche appena torniamo a casa"

Capitolo 45- Jennifer

È passato un mesetto e George ha deciso di comprare una casa più grande, è bella spaziosa abbiamo 4 camere per gli ospiti, le due dei bambini e la nostra. 3 bagni, 2 garage e un posto auto all'aperto, un'ampia cucina dove fare i miei dolci insieme a Jonathan che vuole imparare e dove fare altre cose con George.
I bambini hanno conosciuto le mie amiche ed oggi Rebecca esce con le amiche e Jonathan sta da Daisy e James, ci siamo presi la giornata per noi per provare ad andare al

ristorante da soli per festeggiare il mesiversario.

Restiamo a Ravenwood ma ci spostiamo verso la parte storica. Appena finiamo di mangiare passiamo vicino ad un museo "La Cripta di Araknos"

"è il museo di cui mi parlavi in Francia?" gli domando, lui alza gli occhi e legge.

"si... come l'abbiamo trovato? È praticamente nascosto e molti non lo trovano, io passo spesso di qui e non l'avevo mai visto"

Ci guardiamo negli occhi e sorridendo entriamo.

È come se da un lato qualcosa dicesse di non entrare, tipo che

eravamo i prescelti per essere le prossime vittime ma da buoni amanti dell'horror e anche da eterni pazzi noi ci siamo fiondati dentro.
Subito si sente un'atmosfera pesante e strana, la sensazione di avere dei ragni addosso si espande in tutto il corpo facendomi rabbrividire e venire la pelle d'oca, iniziamo a camminare lentamente e vediamo i vari oggetti:
"LR_FR è un'arma costruita da un gruppo di ragazzi che studiarono tutti i giorni come annientare Araknaros, consiste in un tubo di metallo unito ad una smerigliatrice, coltelli, veleno di

Araknos, cavi elettrici e una batteria, il nome completo è Lama Rotante Fendi Ragno"
Wow è un'arma micidiale se pensiamo che è stata creata da ragazzini che non sapevano nulla della materia, vado avanti e vedo che c'è un altro oggetto e il biglietto dice:
"una pagina del diario che raccontava la battaglia contro il demone"
Usciamo da quel posto incantati e leggermente spaventati, cosa difficile con noi, abbiamo scoperto che c'erano anche altri demoni come lo squalo e pensare di

essere andata sulla nave di Drew
ora mi mette ansia.

Capitolo 46- Jennifer

riepilogo

"Zia la mamma ha detto di farmi vedere da te" dice una piccola voce.
È Greta la bimba di Stacy. "tesoro sei bellissima" dice Daisy guardandola nel suo vestito bianco da damigella. Eh sì è arrivato il giorno. Sta per sposarsi con James, sembrava impossibile ma siamo qui,
"ragazze come sto?" chiede lei
"sei divina, vai e fallo impazzire per sempre" diciamo noi.

I rapporti sono rimasti gli stessi, l'unica cosa che è cambiata è che ora Stacy è madre, Tess e Lauren si sono sposate e stanno anche decidendo di adottare dei bambini. Daisy e James che stanno facendo ora il grande passo. La prossima è proprio Stacy ma ancora non lo sa. E poi ci siamo io e George felicemente sposati e incinta di un bambino, ancora nessuno lo sa, l'ho scoperto solo ieri, sono al terzo mese.
Arriva il momento e Daisy va all'altare accompagnata da me e George che abbiamo deciso di accompagnarla insieme. James si

gira a guardarla e vedo che cerca di trattenere le lacrime.
Arriviamo lì e lui le bacia la mano. Svolgiamo tutta la messa fino al famoso "lo voglio" "James Anderson, vuoi tu prendere Daisy Davis come tua moglie e prometti di esserle fedele nel bene e nel male, in salute e in malattia fino alla morte?" "anche dopo la morte, lo voglio, da adesso e per sempre" "e tu Daisy Davis vuoi prendere James Anderson come tuo sposo e prometti di essergli fedele nel bene e nel male, in salute e malattia fino alla morte?" "da adesso e per sempre, lo voglio" "allora da questo

momento vi dichiaro marito e moglie. Potete baciarvi" James l'afferra dalle guance e le schiocca un bacio mozzafiato.

Andiamo al ristorante e tra un brindisi e l'altro arriviamo al famoso lancio del bouquet dove anziché lanciarlo lo porta a Stacy che la guarda incuriosita e poi si gira quando glielo dice trovandosi Marcus in ginocchio dietro di lei con un anello.

Lei dice di sì e tutti applaudono. Dopo qualche ora Daisy decide di fare la seconda sorpresa. Le luci si spengono e parte un video proiettato sul muro. Partono foto e video di lei e James con sotto la sua voce.

"hey, non sono brava con le parole ma per oggi ci provo. Finalmente siamo qui. Chi l'avrebbe mai detto. Noi due insieme e per sempre Pff. Nessuno ci credeva nemmeno noi ma ci siamo riusciti. Sono qui oggi per ringraziarti di tutto. Mi hai salvato svariate volte. Mi hai fatto superare i traumi con i miei genitori e mi hai salvato da Daniel. Mi hai insegnato ad essere clemente con me e ad amarmi. Mi hai insegnato che dal dolore si può ricominciare e che ogni ferita solo un promemoria della vita. mi hai insegnato tanto e so che mi insegnerai tanto altro. C'è da dire che però ora sarà più difficile perché dovrai insegnare tutto questo anche a qualcun altro. Dovrai insegnarmi ad amare un piccolo te con tutti i suoi difetti o una piccola me che crede poco in lei. Dovrai insegnarmi ad essere una brava madre, dovrai insegnarmi a consolare un bambino e dovrai insegnarmi ad insegnare loro ciò che tu hai insegnato a me. Ti amo tanto, papà" tutti abbiamo le lacrime agli occhi e pensare che siamo rimaste incinte insieme è bellissimo "le dice qualcosa sorridendo. lei annuisce piangendo e sorridendo

in contemporanea. Lui l'abbraccia forte e poi gira su sé stesso sollevandola da terra.
James si inchina a lasciare un dolce bacio sulla pancia di Daisy.
"ciao stronza" sentiamo dire dietro all'improvviso e...
"che ci fai qui? N...non eri in carcere?" dice lei.
"ero, ora sono qui e sono venuto a vendicarmi, ricordi cosa ti dissi? Che ti avrei ammazzata, oggi è il giorno, quel fottuto giorno" Vedo che caccia una pistola e i miei occhi si spalancano.
"Daniel... che... che vuoi fare?" scongiura lei.

"ciao ciao giovane mammina e bel discorso di merda, grazie per lo spazio dedicato a me però" le punta una pistola in testa, io sono paralizzata non so cosa fare guardo George ma è terrorizzato quanto me, vorrei aiutarla ma ho paura che se mi muovo lui spara Daisy chiude gli occhi arrendendosi James si lancia su di lui per bloccarlo ed io urlo "James! No!"
Parte un colpo tutto si zittisce, mi tappo la bocca per non urlare e quasi cado all'indietro, non sarà morto il mio migliore amico... no... io e Daisy ci guardiamo e

guardiamo insieme a terra, è Daniel, è lui a terra, morto.
Daisy si lancia su James
"James! James! Oddio, chiamate un'ambulanza!"
Io e George cerchiamo di chiamare ambulanza e carabinieri
Un'ora dopo siamo in ospedale.
James è fuori pericolo ed anche il bambino di Daisy ed il mio.
C'è la polizia in ospedale.
Ci fanno delle domande e temo che possano arrestare James ma fortunatamente viene classificata come autodifesa e James è libero.

Dopo qualche anno io e Daisy abbiamo avuto un maschio ed una

femmina, che hanno 7 anni ora e si sono iniziati a dare i bacetti.
George ha assunto James come assistente e si fa amare da tutti gli studenti.
Ora tutti siamo uniti più che mai, viviamo in 4 case vicine io e George viviamo di fianco a Daisy e James.
Difronte a noi vivono Stacy e Lauren e di fianco a loro ovvero difronte a Daisy e James ci sono Tess e Lauren.
Ci vediamo tutti i giorni, abbiamo tutti dei figli, dei mariti o delle mogli fantastiche e dei lavori stupendi, George ha ancora il suo lavoro, James è il suo assistente, io

la sua segretaria, Tess e Lauren lavorano in una nursery dove adottare bambini, Stacy fa l'attrice, e Marcus lavora come meccanico, siamo felici con poco ed a noi basta.
Ci basta un messaggio che scalda il cuore, o l'anima.
Basta una foto appesa in sala con tutti noi messa bene a fuoco.
Basta un amore scottante.
Bastano due cuori, due anime e due corpi a fuoco per stare bene.

Ringraziamenti

Siamo di nuovo qui, a questo punto difficile per me.

Scrivere un libro è sempre un viaggio, e questo terzo capitolo del mio percorso non sarebbe stato possibile senza il sostegno e l'amore di tante persone incredibili.

La prima persona che ringrazio per questo libro è un amico anche esso scrittore che mi ha fatto leggere una bozza di un suo libro dove la citta era Ravenwood, io avevo già scritto i primi capitoli dove parlavo del Ravenwood college e quindi ho pensato "perché non fare una citazione e dedicare un capitolo o due alla storia di Araknos che nonostante odio vista la mia aracnofobia mi ha intrattenuta e colpito molto.

Ho voluto dare un piccolo assaggio di quella storia o meglio, quelle storie ma ovviamente se vi piace il genere horror dovrete andare a leggerlo, e magari anche se non vi piace come genere provate a leggerlo perché al 90% vi prenderà.

Il nome del titolo finale di quelle storie lo troverete sul suo Instagram: franklinshadow.writer un grazie infinitamente immenso ai miei lettori, vecchi e nuovi, che continuano a seguire le mie storie con passione e dedizione.

La vostra fedeltà mi ispira ogni giorno a spingermi oltre i limiti e a esplorare le profondità dell'amore e dell'oscurità.

Alla mia famiglia, il mio ragazzo e ai miei amici, che comprendono e sopportano i miei momenti di isolamento creativo e continuano a credere in me anche quando io stessa dubito. Siete la mia ancora in questo mare di emozioni.

Infine, a te, che hai preso in mano questo libro e ti sei lasciato trasportare nella mia visione dell'amore e della tenebra. Grazie per aver permesso ai miei personaggi di vivere attraverso di te. Senza di te, queste storie rimarrebbero solo ombre nella mia mente.

Con gratitudine e affetto,

Lexa Aimu

www.ingramcontent.com/pod-product-compliance
Lightning Source LLC
Chambersburg PA
CBHW052158220526
45471CB00004B/1716